Auf der Marienkapelle in der Chester Cathedra

George Becher Blomfield

Writat

Diese Ausgabe erschien im Jahr 2023

ISBN: 9789359255774

Herausgegeben von
Writat
E-Mail: info@writat.com

Auf der Marienkapelle in der Kathedrale von Chester.

VOM REV. BLOMFIELD-KANONE. [3]

DIE Marienkapelle der Kathedrale von Chester ist antiquarischen Architekten seit langem als interessantes und wertvolles Exemplar des frühen englischen Stils bekannt, sie wurde von ihnen jedoch kaum jemals im Detail untersucht und hat dem allgemeinen Betrachter keine besonderen Merkmale offenbart Interesse. Das scharfe und genaue Urteil von Rickman entdeckte die allgemeine Schönheit seiner Proportionen; Aber die Zerstörung aller ursprünglichen Fenster und andere Verunstaltungen des Gebäudes, die im Zuge des Anbaus der Seitenschiffe im 15. Jahrhundert stattfanden, haben seine Schönheit so weit verdunkelt, dass es kaum oder gar nichts Wertvolles zu bieten hatte der Beobachtung.

Es wird derzeit restauriert, sofern die Umstände dies zulassen; und die chromatische Dekoration des Innenraums wurde der Obhut von

Herrn Octavius Hudson anvertraut, dessen Arbeiten in Salisbury und anderswo ihn zu einem Künstler ersten Ranges in dieser Spezialabteilung gemacht haben . Die Schönheit und die hohe Vollendung seiner Arbeit erregten allgemeine Bewunderung und weckten ein neues Interesse an der Struktur und Zusammensetzung der Marienkapelle selbst. Aus diesem Grund bin ich zu der Annahme gelangt, dass einige Bemerkungen zur Geschichte der Marienkapellen im Allgemeinen und unserer eigenen im Besonderen den Zielen der Chester Archaeological Society nicht unangemessen sein werden .

Verteidigung festzuhalten , dass, wenn die Informationen, die ich geben kann, dürftig und unvollkommen erscheinen, ich, als ich mich mit dem Thema befasste , gehofft hatte, auf einige Materialien zu stoßen, die den Ursprung, die Verwendung usw. erläutern. und Merkmale von Marienkapellen, die ich nicht entdecken konnte. Ich konnte nicht feststellen, dass das Thema speziell untersucht wurde oder dass die Geschichte der Marienkapellen, getrennt von der der Kathedralen, jemals bis zu ihrem Ursprung zurückverfolgt werden konnte. Ich glaube, dass es sich um eine noch unerforschte Fundgrube antiquarischer Überlieferungen handelt, die der Arbeit eines kirchlichen Archäologen durchaus würdig ist . Da ich aber weder Muße noch Gelegenheit habe, mich eingehend damit zu befassen, muss ich mich damit begnügen, so wenige und einfache Elemente der Geschichte wiederzugeben, die ich aus den wenigen verfügbaren Büchern herauslesen konnte.

Es ist bekannt, dass alle europäischen Nationen seit der ersten Einführung des Christentums ihre feierlichsten Gottesdienste auf den Osten ausgerichtet haben – ein Brauch, den wir deutlich auf den Verlauf des Fortschritts des Evangeliums zurückführen können durch Europa, ausgehend vom Osten und immer weiter in Richtung Westen, und so für jede Nation die biblische Verheißung des „Aufgangs der Sonne der Gerechtigkeit mit Heilung auf ihren Flügeln" verwirklichen. Auch die Hoffnung auf das Wiedererscheinen des Erlösers war immer nach Osten gerichtet; und da diese Hoffnung in den früheren Zeiten der Kirche von sehr lebendigem und energischem Charakter war, verlieh sie der Gewohnheit, ihre tiefsten Bestrebungen in diese Richtung zu richten, noch mehr Kraft. Sobald die Anerkennung des Christentums durch das Reich die Errichtung öffentlicher Gebäude zur Feier des Gottesdienstes zuließ, wurde dort das System der Orientierung eingeführt. Der Altar befand sich am oder in der Nähe des östlichen Endes jeder Kirche: Alle höheren religiösen Zeremonien und insbesondere die Verwaltung des Abendmahls wurden dort gefeiert; und dorthin richteten sich die Augen und Gedanken der Gemeinde hinsichtlich des Ortes der Heiligkeit und Ehre . Der östliche Teil der Kirchen war lange Zeit besonders dem Namen und der Ehre Jesu Christi geweiht . Aber als die Verehrung der Jungfrau Maria begann, die Bedeutung anzunehmen, die sie seitdem in der römischen Kirche innehatte, und die unseres Herrn selbst in den Schatten zu stellen, wurde sie gewöhnlich im östlichen Teil der Kirche gefeiert; und um ihm noch mehr Ehre zu verleihen , wurde ihm die Aussparung oder Kapelle am östlichen Ende zugeteilt, die von der heiligen Stätte des Tempels in Jerusalem übernommen wurde. Und ein noch weiter entferntes östliches Ende wurde häufig von der ursprünglichen Struktur weggeworfen, wo die Verehrung der Jungfrau besonders gefeiert werden konnte; wo ihre Statuen, Schreine und Opfergaben aufgestellt werden könnten; und auf die nicht nur der Blick des Publikums im Chor, sondern auch des amtierenden Priesters selbst, der vor dem Hochaltar stand, ständig gerichtet sein konnte. So wurde gemäß der kuriosen Bemerkung von Fuller eine Abstufung der Ehrfurcht etabliert –" Die Veranda sagte zum Kirchhof, und die Kirche sagte zur Veranda, und der Chor sagte zur Kirche, und die Marienkapelle sagte zu ihnen alle: ‚Steh weiter weg, ich bin heiliger als du.'"

, der aufgrund der seinen Reliquien zugeschriebenen wundersamen Kräfte vor Ort eine höhere Ehre genoss als sogar die Jungfrau Maria und so weiter In einigen Fällen war die östliche Kapelle der Ehre dieses Heiligen gewidmet: wie die von Becket in Canterbury; St. Cuthbert, in Durham; St. Ethelreda , in Ely; St. Alban, in St. Albans; und St. Edward in der Westminster Abbey. In solchen Fällen finden wir die Marienkapelle anderswo, wie in Canterbury im Nordschiff des Kirchenschiffs; in Durham, am Westende, wo es Galiläa genannt wird; in Rochester, im südlichen Querschiff; in Oxford und Bristol, auf der Nordseite des Chores. In allen anderen Kathedralen befindet sich die Marienkapelle am östlichen Ende.

normannischen Chores höchstwahrscheinlich von der Kapelle und dem Schrein [5] von St. Werburgh besetzt und reichte bis zum östlichen Bogen des heutigen Chores; und wenn ja, würde sich die Kapelle der Jungfrau am Ende des Südschiffs des Chores befinden. Obwohl das heutige Gebäude weitaus umfangreicher ist als das aus normannischer

Zeit, werden wir wahrscheinlich immer noch dieselben Struktur- und Anordnungsprinzipien vorfinden. Wir haben noch eine Nische übrig, die auf die Existenz eines Bildes der Jungfrau hinweist, und eine Piscina, die einen Altar andeutet, am östlichen Ende dieses Ganges; und dies sind wahrscheinlich die Überreste einer früheren Anordnung, die diesen Teil des Gebäudes der Verehrung der Jungfrau vorbehalten hatte, und sie wurden lediglich im neuen und erweiterten Chor wiederholt, obwohl der Altar der Jungfrau dann an einen ehrenvolleren Ort verlegt wurde Ort.

Zum Zeitpunkt der Errichtung der heutigen Marienkapelle, die ich auf etwa 1280 n. Chr. festlegen möchte , hatte St. Werburgh begonnen, in der öffentlichen Wertschätzung etwas zu sinken; An ihrem Schrein wurden nie Wunder vollbracht, und die damalige Zeit war eher auf eine Demonstration der Macht der Heiligen ausgerichtet. Zu dieser Zeit kam es auch zu einem Ausbruch der Verehrung der Jungfrau Maria. Und als die normannische Kapelle von St. Werburgh abgerissen und der Chor erweitert wurde, war es daher selbstverständlich, dass zu Ehren der Jungfrau eine neue und prächtigere Kapelle errichtet werden sollte, die dieselbe relative Position am östlichen Ende einnimmt des Chores. Die ursprüngliche Position des Schreins von St. Werburgh blieb bei dieser neuen Anordnung wahrscheinlich erhalten; aber anstatt sich in einer separaten Kapelle östlich des Chores zu befinden, gehörte es nun zum Chor, der so verlängert wurde, dass es ihn einbezog. Es wird angenommen, dass es in dieser Position bis zur Zeit der Reformation blieb, als die Steinstruktur, in der sich das Heiligtum befand, entfernt und in einen Thron für den Bischof umgewandelt wurde . Ohne den Schutzpatron der Kirche zu missachten, wurde die Jungfrau Maria mit einer neuen Kapelle geehrt , der besondere Sorgfalt und ein großer finanzieller Aufwand gewidmet wurden.

Die Geschichte der Marienkapellen, wie sie an allen größeren Kirchen Europas angebracht sind und einen Teil der Innenausstattung der kleineren Kirchen bilden, kann kaum untersucht werden, ohne einen Hinweis auf den Aufstieg und Fortschritt der Mariolatrie der Kirche von Rom. Eine solche Bezugnahme würde kaum in den Bereich der Themen fallen, die normalerweise von dieser Gesellschaft behandelt werden , und würde uns in Fragen der Theologie und der Kirchengeschichte führen, die viel zu umfangreich sind, als dass wir sie in einem kurzen und populären Vortrag behandeln könnten. Ich begnüge mich daher mit der Feststellung, dass die Verherrlichung der Jungfrau Maria als Gegenstand der Anbetung im fünften Jahrhundert ihren Anfang nahm und sich in allmählichen Wachstumsstadien weiterentwickelte, bis wir im elften Jahrhundert, etwa zum Zeitpunkt der Eroberung, feststellen, dass Zu ihren Ehren wurde ein tägliches Amt eingerichtet , man begann, ihr göttliche Titel zuzuschreiben, und in den Schriften der Zeit wurde sie mit jedem erdenklichen Beinamen überhäuft, der Anbetung und extravaganten Aberglauben zum Ausdruck brachte. Zu dieser Zeit, gerade als der erste normannische Graf das Kloster St. Werburgh neu gründete und das Gebäude errichtete, von dem noch so viele Teile erhalten sind, begann man, den Kirchen dieses Königreichs Marienkapellen hinzuzufügen. Die Marienverehrung, die damals einen sehr prominenten und aufwändigen Charakter angenommen hatte, erforderte einen separaten Ort für ihre Feier. Und es ist nicht uninteressant, sich daran zu erinnern, dass Anselm, Abt von Bec und Erzbischof von Canterbury, den Hugh Lupus nach Chester brachte, um die Klostereinrichtung umzugestalten, ein hingebungsvoller Verehrer der Jungfrau Maria war und in England eingeführt wurde Fest zu Ehren der Unbefleckten Empfängnis. Er würde daher dafür sorgen, dass ihr alle Ehre erwiesen und alle gebührenden Vorkehrungen für die Feier ihres Gottesdienstes in der neuen Klosterkirche getroffen würden. Wir haben keinen genauen Plan dieses normannischen Bauwerks, aber aus den 1841 entdeckten Überresten geht hervor, dass es eine östliche Apsis oder Kapelle gab, die sich über den Chor selbst hinaus erstreckte und wahrscheinlich als Kapelle der Jungfrau gedacht war , obwohl, wie wir vorgeschlagen haben, als Standort für das Heiligtum von St. Werburgh genutzt wurde . Diese gesamte Struktur verschwand Ende des 13. Jahrhunderts, um Platz für die heutigen Gebäude zu machen, und gerade zu dieser Zeit erreichte die Begeisterung für die Ehrung der Heiligen Jungfrau ihren Höhepunkt.

Wir werden uns jetzt bemühen , das Datum der heutigen Marienkapelle so genau wie möglich festzulegen. Beim Vergleich mit dem Kapitelsaal, dem frühesten unserer Gebäude aus der frühen englischen Zeit, fällt ein deutlicher Unterschied in der Zusammensetzung der Zierleisten , der Form der Fensterpfosten, der Größe und dem Charakter der Bossen auf, was auf die Marienkapelle hinweist fortgeschrittenere Periode des Stils. Äußerlich finden wir hier mächtige, aufrecht stehende Strebepfeiler, die an den Ecken abgeschrägt sind und Hinweise auf gebündelte Säulen auf denen des östlichen Teils des Gebäudes aufweisen. Ein reiches und tiefes, hohles Gesims mit sehr großen und massiven einzelnen Eselszahnornamenten im Abstand von mehr als einem Fuß überragt die Außenwand, ist aber jetzt unter dem Dach der Seitenschiffe verborgen. Wir haben innen rund um die Fenster eine Vielzahl von runden und hohlen Zierleisten , durchsetzt mit Eckzahnleisten ; Kräftige und massive Rippen im Satteldach, mit sehr reichen und stark ausgearbeiteten Vorsprüngen von großer Größe an den Kreuzungspunkten der Hauptrippen. Diese Hinweise auf einen fortgeschrittenen Stil veranlassen uns, das Datum der Errichtung auf die Zeit des Übergangs vom frühen englischen zum dekorierten Orden oder etwa gegen Ende des 13. Jahrhunderts festzulegen. Dies würde uns zu der Zeit führen, als Simon de Albo Monasterio war Abt von St. Werburgh . Er war der fähigste der Äbte von Chester und der großartigste in seinen architektonischen Restaurierungen. Sein Beitritt zur Abtei wird auf das Jahr 1265 n. Chr. datiert , und er lebte bis 1289, während der Herrschaft Heinrichs III. und Edward I. Im 12. Jahr von Edward I. haben wir eine Aufzeichnung über die Erteilung einer Vorschrift, die Wildbret aus den Wäldern des Königs von Delamere und Wirral zur Unterstützung der Mönche von St. Werburgh , die am Bau beteiligt waren, zuzulassen ihre Kirche. Es ist klar, dass das erste Gebäude, mit dem sie damals beauftragt wurden, die heutige Marienkapelle war, was den Wunsch des Abtes zeugt, sie ihrer, der sie gewidmet war, würdig zu machen, und seinen eigenen Charakter für Großzügigkeit. Es ist nicht unwahrscheinlich, dass diese Kapelle das einzige war, was zu Lebzeiten dieses Abtes fertiggestellt wurde, denn im östlichen Teil des Chores, der unmittelbar nach der Kapelle errichtet wurde, ist ein offensichtlicher Rückgang architektonischer Anstrengungen und Mittel zu verzeichnen. Der große Bogen, der den Chor mit der Kapelle verbindet, wird von Rickman wegen des Reichtums seiner zahlreichen Rundungen und Vertiefungen hervorgehoben, aber dieser Reichtum setzt sich nicht nach Westen fort. Ich möchte hier übrigens anmerken, dass dieser Bogen offenbar aus dem alten normannischen Ostfenster der ursprünglichen Marienkapelle geformt wurde, da auf beiden Seiten deutliche Hinweise auf eine normannische Struktur in der Wand zu sehen sind. Wir wagen daher, das Datum der Errichtung auf etwa 1280 anzusetzen.

Die Marienkapelle, erbaut von Simon de Albo Monasterio war ohne Gänge; Die Außenwände sind wie zuvor beschrieben mit Stützen und Gesimsen versehen und verfügen über eine Brüstung, von der heute kein Teil mehr übrig ist. Auf jeder Seite befanden sich drei Drillingsfenster, von denen nur noch die Gesimsleisten übrig blieben. Das Maßwerk von vier von ihnen wurde beim Bau der Seitenschiffe vollständig entfernt, und das der anderen beiden wurde gleichzeitig durch grobes, senkrechtes Maßwerk ersetzt. Das östliche Fenster hatte wahrscheinlich fünf Lichter. Von den Pfosten sind noch Spuren vorhanden, die an der Außenseite des östlichen Endes herablaufen. Von der äußeren Zusammensetzung der Kapelle sind noch genügend Überreste vorhanden, um eine Wiederherstellung ihrer ursprünglichen Form sowohl äußerlich als auch innerlich zu ermöglichen.

Es scheint, dass es keinen Eingang zur Kapelle gab, als sie ursprünglich gebaut wurde, außer durch den östlichen Bogen vom Chor. Wir betreten es nun durch die Seitenschiffe, wobei auf jeder Seite eines der Fenster bis zum Fuß der Wand ausgeschnitten wurde, um diesen Durchgang zu öffnen. Dies geschah wahrscheinlich zur gleichen Zeit, als der Hochaltar im Chor errichtet und auf einer Plattform errichtet wurde, die so hoch war, dass sie den Durchgang unter dem Ostbogen völlig versperrte. Diese Plattform, die die Säulen bis zu einem Meter über den Sockelleisten begrub , wurde 1841 erheblich abgesenkt.

Wenn wir die Kapelle betreten, fällt uns vielleicht als Erstes die niedrige Decke auf, die vom Boden bis zur Mittelrippe nur 32 Fuß beträgt, denn es ist ein Merkmal der Gebäude dieser Zeit, dass sie weit über die Höhe hinausragen des normannischen Gewölbes und vermitteln einen großartigen Eindruck von Erhabenheit und Leichtigkeit. Die Ursachen dieses Mangels, wenn es überhaupt einen gibt, in diesem Gebäude scheinen zwei gewesen zu sein : Erstens war es notwendig, das Dach auf einer solchen Höhe zu halten, dass es das Licht des oberen Ostfensters nicht beeinträchtigte des Chores. Zweitens wurde der Boden der Kapelle über sein ursprüngliches Niveau angehoben, wie aus der Linie der Steinbank hervorgeht, die um die Außenseite verläuft; und von der Position der Sedilia am östlichen Ende. Am östlichen Fenster sowie an den beiden benachbarten Fenstern im Norden und Süden ist deutlich zu erkennen, dass das Maßwerk einen späten Perpendicular-Charakter aufweist, während die Gesimsleisten spät dekoriert sind . Daraus ergibt sich einer der Hauptmängel des Innenraums der Kapelle – der Mangel an Harmonie in den architektonischen Details, der am deutlichsten im Ostfenster ins Auge fällt, dessen schlichtes senkrechtes Maßwerk so offensichtlich nicht mit dem spitzen englischen Charakter der Kapelle übereinstimmt die umliegenden Merkmale des Gebäudes. Die Großzügigkeit der Bürger von Chester hat tatsächlich die unangenehme Wirkung dieses Kontrasts in gewissem Maße gemildert, indem ein schönes Ostfenster aus bemaltem Glas eingeführt wurde, das von Pugin entworfen und von Wailes in seiner besten Weise ausgeführt wurde . Es ist jedoch unmöglich, nicht zu bedauern, dass das Maßwerk selbst vor der Einführung des bemalten Glases nicht seinen ursprünglichen Charakter wiedererlangte; Es ist auch nicht unvernünftig zu hoffen, dass dies noch geschehen kann und dass das schöne Fenster mit den fünf Lichtern noch rekonstruiert werden kann, um die Restaurierung des Inneren dieser wunderschönen Kapelle abzuschließen.

Das nächste auffällige Merkmal der Kapelle ist das Satteldach, das besonders durch seine einzigartigen und schönen Vorsprünge an den drei Hauptkreuzungspunkten der Rippen gekennzeichnet ist. Diese Vorsprünge sind für ein so niedriges Gebäude ungewöhnlich groß, haben einen Durchmesser von drei Fuß und reichen mehr als 18 Zoll unter die Decke. Das Gewicht jedes Bosses beträgt fast zwei Tonnen. Sie zeigen große Sorgfalt und Geschicklichkeit in Design und Ausführung und werden mit der Liebe zum Detail fertiggestellt, die die Werke dieser Zeit auszeichnet, obwohl es fast wie Arbeitsverschwendung erscheint, wenn man sie an Objekten anwendet, die so weit über dem Auge des Betrachters liegen .

Der zentrale Vorsprung trägt eine Figur der Jungfrau und des Kindes, der östliche ein Symbol der Dreifaltigkeit und der westliche eine Darstellung der Ermordung von Thomas a Becket.

Es ist nicht unwahrscheinlich, dass diese drei Themen, in dieser Reihenfolge von Ost nach West angeordnet, die drei großen Merkmale der christlichen Kirche dieser Zeit verkörpern sollten. Im ersten Bild sehen wir eine Figur des Vaters, der auf seinem Thron sitzt und zwischen seinen Knien ein kleines Kruzifix hält, und die Taube ruht auf dem Kreuz, in der Haltung, dem Erlöser ins Ohr zu flüstern . Dies war in frühen Zeiten keine ungewöhnliche Form der Darstellung der Dreifaltigkeit und überschattet eindringlich, wenn auch grob, die Elemente der christlichen Wahrheit: den Vater, der im Himmel ist und den für uns gekreuzigten Sohn hervorhält; und der Heilige Geist beteiligte sich am Plan der Erlösung und spendete dem Erretter Trost , um ihn in seinem letzten Todeskampf zu unterstützen. [9]

Im zweiten Kapitel finden wir die Darstellung der Verehrung der Jungfrau Maria – das hervorstechende Merkmal der römischen Kirche. Die Jungfrau wird, wie immer üblich, sitzend dargestellt, mit dem kleinen Erlöser im Arm; *Sie* und nicht der Erlöser ist das Hauptthema der Arbeit. Der Erretter wurde immer als Säugling in den Armen seiner Mutter dargestellt, nicht nur um ihre Identität zu markieren, sondern um die Idee ihres Einflusses und ihrer Autorität über ihn und seine Kirche zu verkörpern.

Im dritten Boss haben wir dann einen Hinweis sowohl auf die Verehrung der Heiligen als auch auf die Vorherrschaft des Papstes, im Martyrium von Thomas a Becket. Und so haben wir eine vollständige Reihe symbolischer Darstellungen der Lehre der Kirche von Rom.

Dieser dritte Boss verdient besondere Aufmerksamkeit. Es hatte lange Zeit das Urteil neugieriger Beobachter verwirrt und die Fähigkeiten archäologischer Kritiker auf die Probe gestellt. Da es für eine genaue Untersuchung unerreichbar war und die Anordnung der Figuren etwas kompliziert war, war es nicht einfach, es zu interpretieren. Bei einigen galt es für die Himmelfahrt der Jungfrau; mit anderen für die Auferstehung unseres Herrn, weil darin die Gestalten bewaffneter Männer zu sehen waren; Aber niemand ahnte , um was es sich handelte, bis ein Abdruck davon gemacht wurde und es am Boden untersucht werden konnte. Es besteht kein Zweifel daran , was es darstellt – den Mord an Thomas a Becket – und dass es eine etwas ungewöhnliche Version dieses Ereignisses darstellt. Es gibt viele Darstellungen des Mordes – einige davon fast zeitgleich – sowohl in bemaltem Glas als auch in Steinmetzarbeiten, insbesondere in Frankreich und Italien. Becket selbst war nicht nur einer der angesehensten und mutigsten Verteidiger der Rechte und Autorität der römischen Kirche gegen königliche Aggressionen, sein Tod löste auch eine große Krise in der Geschichte der päpstlichen Macht aus und öffnete den Weg für eine enorme Ausweitung der Macht es in ganz Europa. Aus diesem Grund wurde die Erinnerung an sein Martyrium in jeder möglichen Form verewigt. Aber seltsamerweise weichen bei einem so berüchtigten Ereignis, dessen Einzelheiten von fast dreißig zeitgenössischen Schriftstellern aufgezeichnet wurden, die tatsächlichen Darstellungen stark voneinander und von den tatsächlichen Fakten der Geschichte ab. In Mr. Stanleys „*Memorials of Canterbury Cathedral*" wird ein sorgfältiger Vergleich aller Erzählungen über das Martyrium vorgenommen und eine genaue Analyse der Fakten gegeben, die als authentisch angesehen werden können. Mit diesen Tatsachen stimmt unser Chef eher überein als mit den meisten anderen Darstellungen desselben Themas. Wir haben darin natürlich die Figuren der vier denkwürdigen Ritter, die die Tat begangen haben: Reginald Fitzurse , Hugh de Morville , William de Tracy und Richard de Brez . Diese werden alle in Kettenrüstungen mit den üblichen Stahlkappen der Kreuzfahrer sowie mit Schwertern und Schilden dargestellt. Die Figuren sind auf seltsame Weise miteinander verflochten und auf dem Stein nach hinten gedreht, um sie alle in den begrenzten Raum zu bringen. Die Schilde, die sie tragen, sind mit verschiedenen heraldischen Symbolen versehen. Das entspricht genau der Tatsache. Die Figur von Becket ist wie üblich kniend mit nach vorne geneigtem Kopf an einem Altar dargestellt. Neben ihm steht der Mönch Grim, der den Krummstab oder das Kreuz trägt. Fitzurse , dessen Identität durch die Bären auf seinem Schild gekennzeichnet ist, hält sein Schwert mit beiden Händen, bereit zum Schlag; aber es scheint Richard de Brez zu sein , der einen Eberkopf auf seinem Schild trägt, der den Schlag ausführt, und der Schlag wird so dargestellt, als würde er auf den Scheitel von Becketts Kopf fallen, um so die Kopfhaut abzuschneiden. Dies steht genau im Einklang mit den am besten authentifizierten Erzählungen. Denn obwohl der erste Schlag von Tracy kam, wurde der tödliche Schlag von Brez oder Breton gegeben. „Der Schlag erfolgte mit solcher Gewalt", heißt es in der Erzählung des Mönchs Grim, „dass die Kopfhaut oder der Scheitel des Kopfes – der angeblich ungewöhnlich groß war – vom Schädel abgetrennt wurde und das Schwert in zwei Teile zerbrach." der Marmorboden." Dies ist der letzte Akt, der auf dem Boss dargestellt wird – der Akt, der das Märtyrertum vollendete und die Seele von Becket, wie es hieß, aus ihrem irdischen Gefängnis befreite, damit sie vereint ihre Herrlichkeit im Himmel empfangen konnte der bedeutendsten Heiligen der katholischen Kirche Christi.

Es ist nicht uninteressant, einen Grund für die genaue Schilderung der Tatsachen dieses Mordes an diesem Chef herauszufinden. In der berühmten Übersetzung des Leichnams des heiliggesprochenen Heiligen aus der Krypta der Kathedrale von Canterbury, wo er zunächst begraben worden war, in das neu errichtete Heiligtum am östlichen Ende des Chors derselben Kirche – diese Übersetzung wurde von angefertigt Stephen Langton, Erzbischof von Canterbury, in Anwesenheit von König Heinrich III. und alle Prälaten des Reiches und kostete in Prunk und Zeremonie mehr als eine Krönung – der damalige Bischof von Chester [11a] war einer der Hauptakteure. Er wurde zusammen mit Langton in die Royal Commission aufgenommen, die auf das Jahr 1220 n. Chr. datiert ist. Der Bischof würde höchstwahrscheinlich einen lebendigen Eindruck von der Feierlichkeit der Szenen und den Tugenden des Märtyrers von Canterbury nach Chester mitbringen. Er *brachte* eine sehr kostbare Reliquie des Heiligen mit, nicht weniger als den Gürtel, den er zur Zeit seines Martyriums trug. Und diesen Gürtel schenkte er der Abtei von St. Werburgh , wo er mit religiöser Sorgfalt aufbewahrt wurde, bis alle diese Reliquien vielleicht etwas weniger als ihren eigentlichen Wert erlangten und bei der Auflösung zerstört wurden. Mit der Reliquie würde der Bischof wahrscheinlich eine genaue Version der Einzelheiten des Mordes mitbringen, und diese Version würde auf dem gemeißelten Stein dieses Chefs verkörpert sein.

Ich werde es wagen, mich von diesem Thema zu verabschieden und meinen Bemerkungen den wertvolleren Kommentar von Herrn Stanley hinzuzufügen, [11b] , der die Moral meiner Geschichte verdeutlichen wird: „Wir müssen uns alle daran erinnern, dass sich der elende Aberglaube versammelt hat." um das Heiligtum (und den Namen) von Thomas von Canterbury herum, endete damit, dass er die Zuneigung denkender Männer völlig aus seinem Gedächtnis entfremdete und den Namen Becket zu einem Schimpfwort machte, das ebenso wenig zu seinen wirklichen Verdiensten passte wie die Rücksichtslosen Die Verehrung, die ihm seine Anbeter im Mittelalter entgegenbrachten."

BOSS FROM LADY CHAPEL.
CHESTER CATHEDRAL.

CORRESPONDING SUBJECT
FROM SEAL OF HOLY TRINITY PRIORY
YORK.

Ich gehe nun vom architektonischen Charakter dieser Marienkapelle zu ihrer Geschichte über. Könnte ich sagen, dass es irgendwelche Materialien gibt, aus denen ich eine Erzählung über die Ereignisse konstruieren könnte, die sich innerhalb seiner Mauern in den sechs Jahrhunderten seines Bestehens ereignet haben? Wenn wir in die dunkle Zeit seiner frühen Geschichte zurückblicken und die Geheimnisse des klösterlichen Lebens entdecken könnten, die sich hier abgespielt haben, könnten wir einige Geschichten erzählen, die die Zuhörer dieser aufgeklärteren Zeiten interessieren und in Erstaunen versetzen würden. Aber es ist vielleicht auch so, dass die Neugier nicht durch die Entdeckung von Tatsachen befriedigt werden kann, die wir sehr wahrscheinlich missverstehen und falsch einschätzen. Und wir müssen damit zufrieden sein, den gesamten Zeitraum vom Bau der Kapelle im Jahr oder um 1280 bis zur Auflösung des Klosters im Jahr 1541 als eine leere Stelle zu betrachten, auf der kein Licht der Geschichte, der Aufzeichnungen oder gar der Tradition zu sehen war geworfen. Die einzige Tatsache aus dieser Zeit, die das geringste Interesse hervorruft, ist die Beerdigung von John de Salghall , einem der späteren Äbte, der im Jahr 1452 vorübergehend starb. Heinrich VI. Seine Grabstätte wird als „zwischen zwei Säulen auf der Südseite der Kapelle, unter einem Alabasterstein" beschrieben;

Daran können wir erkennen, dass, da sich die so markierte Stelle in der Öffnung befindet, die durch das Wegschneiden der Wand unter dem Südfenster entstanden ist, um eine Öffnung zum Südschiff zu erhalten, dieser Gang zuvor gebaut worden sein muss; und doch wird allgemein *gesagt* , dass es unter der Herrschaft Heinrichs VII. erbaut wurde. [12]

Der Stein, unter dem der Abt begraben wurde, ist noch erhalten – nicht aus Alabaster, sondern aus Purbeck-Marmor – und weist Spuren von sehr reichem Messing auf, das fast den gesamten Stein bedeckt haben muss. Vor etwa dreißig Jahren wurde dieser Stein entfernt und darunter wurde der Sarg des Abtes in einigermaßen perfektem Zustand gefunden. Sein Körper war in Falten aus Cerecloth gehüllt; und auf dieser Brust lag eine unleserliche Schrift auf Pergament. Am Zeigefinger seiner rechten Hand befand sich sein goldener Amtsring, der einen großen Saphir enthielt. Dieser wurde nicht erneut mit dem übrigen Inhalt des Sarges beigesetzt, sondern wird nun in den Schätzen des Kapitels aufbewahrt.

Ich möchte anmerken, dass es in der Zeit der Reformation, als die Kirche von England die Verehrung der Jungfrau ablehnte, offenbar ein Ziel der Reformatoren war, alle Marienkapellen zu entweihen, um die Marienkapellen auszulöschen anhaltende Vorurteile zugunsten der

Orte, an denen über so viele Jahrhunderte hinweg das Interesse und die Fürsprache der Heiligen Jungfrau gesucht wurde. Sie wurden größtenteils für weltliche Zwecke umgebaut und als Schulen, Sakristei oder Konsistorialgerichte genutzt. Für diesen letzteren Zweck wurde die Marienkapelle unserer Kathedrale genutzt; und dort hielt Bischof Cotes unter der Herrschaft von Queen Mary (1555 n. Chr.) den Prozess gegen George Marsh wegen Ketzerei und verurteilte ihn zur Verbrennung auf dem Scheiterhaufen – ein Urteil, das kurz darauf in Boughton zur Vollstreckung umgesetzt wurde am 24. April 1555. [13a]

Wir wissen nicht, wie bald danach der Konsistoriumshof von der Marienkapelle an seine heutige Position im Südwestturm verlegt wurde, aber wahrscheinlich zur Zeit der Restauration. Von diesem Zeitpunkt an wurde die Kapelle für eine angemessenere Nutzung wiederhergestellt, und die frühen Morgengebete oder Matinen wurden dort stets gelesen.

In Webbs *Itinerary* [13b] spricht er von der Marienkapelle, wie sie zu seiner Zeit (1640 n. Chr .) aussah, und sagt, dass sie „mit einem schönen Fenster im Osten geschmückt war, von sehr seltsamer Glaskunst, woher die Geschichte kam." der Heiligen Jungfrau, ihre Abstammung aus den Lenden Isais, in der Linie Davids; obwohl jetzt, durch den Einfluss von Zeit und Wetter, dieselbe Geschichte stark verunstaltet ist."

Vierzig Jahre später wurde das Unheil, das „durch Zeit und Wetter" begonnen hatte, durch eine stürmische Menge der Bürger von Chester vollendet, die angeblich von James Duke of Monmouth, der sich zu dieser Zeit in Chester aufhielt, angestiftet worden war , werben um Popularität. Sie brachen in die Kathedrale ein und zerstörten neben anderen Verbrechen an den Inhalten des heiligen Gebäudes das bemalte Glas des Ostfensters der Marienkapelle vollständig. Es war die Aufgabe der Bürger in späteren Zeiten und mit einem besseren Gefühl, den von ihren Vorfahren verursachten Schaden zu reparieren und das Ostfenster erneut mit „sehr merkwürdiger Glaskunst" zu schmücken – ein Beispiel, das gewesen ist Es folgten viele Privatpersonen, so dass wir jetzt alle Fenster der Kapelle für nicht weniger als 1.500 £ so dekoriert haben.

Erlauben Sie mir, zum Schluss noch ein paar Worte zum Zweck und Charakter der Arbeiten zu sagen, die jetzt in dieser Kapelle durchgeführt werden. Ich werde es nicht wagen, die Person zu nennen, auf deren Vorschlag sie eingegangen sind und auf deren Kosten der dekorative Teil ausgeführt werden soll, da sie den Wunsch hat, im Hintergrund zu bleiben und alles zum Ruhm geschehen zu lassen von Gott. Aber ich kann sagen, dass das Ziel darin besteht, das Innere der Kapelle wieder in den gleichen Zustand zu versetzen, in dem wir annehmen können, dass es von seinen ersten Erbauern hinterlassen wurde. Aus einer genauen und sorgfältigen Untersuchung der Bossen, Rippen, Fensterleisten und Kapitelle geht hervor, dass sie die in Gebäuden dieser Zeit übliche dekorative Farbgebung erhalten hatten ; und die Überreste davon, die unter angehäuften Tüncheschichten gefunden wurden, reichten aus, um die verschiedenen Farbtöne genau anzuzeigen , sodass der Künstler, der sie untersuchte, das ursprüngliche Design genau wiederherstellen konnte. Mr. Octavius Hudson, der diesen Zweig der antiken Kunst zu seinem Spezialstudium gemacht hat und in seinen bewundernswerten chromatischen Werken in Salisbury sein Können und Wissen auf diesem Gebiet unter Beweis gestellt hat , hat die Restaurierung dieser Kapelle in seine Obhut genommen.

mittelalterlichen Charakter unserer Sakralbauten wiederzubeleben, mit nicht geringem Misstrauen gegenüberstehen ; Ich denke, es sei symptomatisch für romanisierende Tendenzen. oder zumindest wahrscheinlich dazu beitragen, sie zu fördern; und in der Befürchtung, dass wir, wenn wir mit der Einführung mittelalterlicher Ornamente beginnen, vielleicht damit enden könnten, mittelalterliche Zeremonien einzuführen .

Es ist durchaus wahr, dass Tünche seit langem das Symbol des wahren Protestantismus ist. Mehrere Schichten davon wurden über die alten Wanddekorationen unserer Kirchen gelegt, um sozusagen den Abscheu vor dem papistischen Aberglauben aufrechtzuerhalten, indem man dessen Flecken von den Wänden selbst wäscht. Alles, was dazu dient, das Auge zu erfreuen und das Gefühl zu verwöhnen; Alles, was auch nur den Wunsch zum Ausdruck brachte, das Haus Gottes zu verherrlichen und die Gläubigen darin mit ehrfurchtsvollen Gefühlen zu beeindrucken, wurde ausgeschlossen, als wäre es götzendienerisch. Wir sind alle in einer Atmosphäre kirchlicher Schönfärberei erzogen worden. Die Augen der Menschen haben sich so daran gewöhnt, dass sie nur schwer dazu gebracht werden können, etwas anderes für orthodox oder angemessen zu halten.

Aber was das Prinzip der Farbgebung betrifft, als Mittel, dem Inneren unserer Kirchen einen angenehmen und ehrfürchtigen Charakter zu verleihen, müssen wir die Idee der Einfachheit in *der Anbetung* Gottes sicherlich nicht mit der Idee der Schlichtheit im *Gebäude verwechseln* . Auf Ersteres sind wir glücklicherweise beschränkt, sowohl durch unser etabliertes Ritual als auch durch unseren gesunden Menschenverstand darüber, was wahr und erbaulich ist. Auf Letzteres sind wir durch keine gesetzliche oder biblische Regel beschränkt. Wenn wir zugeben, dass wir mit der Einführung fantasievoller Varianten von Kostümen, Gesten und Ausschmückungen in die Dienste des Gottesdienstes dessen Geist und Bedeutung herabsetzen, folgt daraus keineswegs, dass derselbe Einwand auch auf die reiche und chromatische Verzierung von Gottesdiensten zutrifft das Gebäude selbst. Darin erweisen wir offensichtlich Ihm Ehre, dessen Namen es trägt, und zeigen den Wunsch, Ihm das Beste zu geben, was wir haben . „Des Königs Tochter ist von innen her herrlich " mag auf die *materielle Kirche Christi* nicht weniger anwendbar sein, wenn auch in einem sekundären Sinn, als auf die *geistliche* Kirche Christi. Alle natürlichen Produkte sollen „zur Verschönerung des Ortes meines Heiligtums" verwendet werden, unter der christlichen Evangeliumszeit nicht weniger als unter der jüdischen; „Und ich werde die Stätte meiner Füße herrlich machen" (Jesaja 13). Wir stellen heutzutage nicht die Angemessenheit der Wiederbelebung der hochentwickelten kirchlichen Architektur des Mittelalters in Frage , um unseren Häusern Gottes eine reiche und großartige Wirkung zu verleihen. Ich sehe keinen Unterschied darin, dies zu tun und sie mit geeigneten Farben anzureichern , um die Monotonie der Wirkung zu lindern. Das eine ist ebenso wie das andere darauf ausgelegt, dem, was sich den Sinnen des Anbeters präsentiert, einen reicheren und eindrucksvolleren Ton zu verleihen. In dem einen steckt nicht mehr Symbolik als in dem anderen; kein Symptom mehr einer Rückkehr zum mittelalterlichen Aberglauben.

Betrachtet man die Frage lediglich aus künstlerischer oder archäologischer Sicht, kann man durchaus bezweifeln, ob wir die wahre Schönheit und Wirkung der mittelalterlichen Architektur richtig einschätzen können, ohne die Farbgebung , die ursprünglich Teil davon war, wiederherzustellen . *Wir* sehen es nicht so, wie die Erbauer der Kirchen es sahen. Wenn wir ihnen hinsichtlich des richtigen Geschmacks in der strukturellen Anordnung vertrauen, warum vertrauen wir ihnen dann nicht auch in Bezug auf die Farbe ? Was würden diese mittelalterlichen Künstler empfinden, wenn sie zurückgebracht würden, um die nun farblosen Wände und Decken ihrer reich verzierten Bauwerke zu sehen? Was würde Simon de Albo tun? Monasterio sagt zum Zustand unserer Marienkapelle? Was würde Michael Angelo oder irgendein anderer Geschmacksmensch sagen, wenn er das Innere des Petersdoms sehen könnte, das völlig mit Tünche bedeckt ist?

Welche Vorsicht auch immer bei der Wiederbelebung dieses alten Dekorationsstils erforderlich sein mag – und zweifellos sind großes Urteilsvermögen und Geschick erforderlich, um den alten Farbton wiederzubeleben, damit er dem Auge gefällt, ohne die Sinne zu verletzen Anstand – und doch denke ich, dass die fortschreitende Intelligenz und der Geschmack des Zeitalters den Versuch gutheißen werden. Die wenigen Experimente, die in letzter Zeit in dieser Kunst in der Kathedrale von Ely und im Kapitelsaal von Salisbury durchgeführt wurden, waren äußerst erfolgreich und haben im Gebäude bisher nicht beobachtete Auswirkungen hervorgerufen. Es ist wahrscheinlich, dass dieser Effekt auch hier der Fall sein wird. Und ich wage es, den Ausdruck der Hoffnung hinzuzufügen, dass der Tag kommen wird, an dem der gleiche Dekorationsstil in gewissem Maße auch das Kreuzgratdach des Chores umfassen wird. Diese eintönige Masse aus Holz und Gips würde durch ein paar Akzente von Gold und Farbe zu etwas Leben und Schönheit erweckt und von dem Vorwurf befreit werden, der jetzt manchmal auf sie geworfen wird, sie sei nur ein sehr dürftiger Versuch, Stein darzustellen.

Um noch einmal auf die Marienkapelle zurückzukommen. Ich habe mich bereits über den unpassenden Charakter des Maßwerks des Ostfensters beschwert, da es die harmonische Wirkung des Innenraums störte. Derzeit ist ein Projekt im Gange, um es durch ein fünflichtiges frühenglisches Fenster nach einem Entwurf von Mr. Scott zu ersetzen. Es wäre sehr zu wünschen, dass das Wohlwollen von Einzelpersonen, die an der Restaurierung der Kirche interessiert sind, genutzt werden könnte, um den Dekan und das Kapitel bei der Restaurierung des *Äußeren* dieser Kapelle zu unterstützen. Es ist jetzt in einem heruntergekommenen Zustand, wenn nicht sogar in einem gefährlichen Zustand; und da es der erste Teil des Gebäudes ist, der sich dem Auge eines Betrachters auf der Stadtmauer präsentiert, könnte er in seiner architektonischen Wirkung ebenso reich und ansprechend gestaltet werden, wie er jetzt arm und anstößig ist. Der

Geist der Bürger und des Landkreises wurde einst aufgerufen, die Restaurierungsarbeiten zu unterstützen. Möge es wieder erweckt werden, um die Ehre des allmächtigen Gottes zu fördern, indem dieser Ort seines Heiligtums verschönert wird! [16]

FUSSNOTEN.

[3] Vorlesung vor der Gesellschaft am Montag, 1. Februar 1858.

[5] Hanshall gibt in seiner *History of Cheshire* , 4to, 1817, Seite 221 an, dass das Heiligtum von St. Werburgh und der Sockel, auf dem es ruhte, „früher in der Kapelle der Jungfrau am östlichen Ende des Chores standen; und dass der Sockel bald nach der Reformation an seine heutige Position gebracht und in den Bischofsthron umgewandelt wurde." Die Geschichte schweigt über das Schicksal des Heiligtums selbst; Da es jedoch von großem inneren Wert war, verschwand es zweifellos bei der Auflösung zusammen mit anderen kostbaren Reliquien der Abtei.

[9] Mehrere Beispiele für dieses trinitarische Gerät fallen uns ein; aber es wird genügen, das schöne zeitgenössische Siegel des Priorats der Heiligen Dreifaltigkeit in York als Beispiel zu nennen, dessen allgemeines Design dem auf der Marienkapelle sehr ähnlich ist, außer in der Position der Taube, die im Yorker Siegel zu sein scheint der Akt der Abstammung vom Vater auf dem Haupt des gekreuzigten Erlösers . Ein weiteres und späteres Beispiel aus dem 16. Jahrhundert findet sich im *Journal of the British Archaeological Institute* , Bd. VIII., S. 317, aus einem Silbermedaillon, das Werk von Heinrich Reitz aus Leipzig, der von 1553 bis 1586 n. Chr. seine Blütezeit hatte . Es sollte vielleicht erwähnt werden, dass dieser seltsame Chef mehr als zwei Jahrhunderte lang durch einen riesigen Gipsblock in Form einer Tudor-Rose vor den Blicken verborgen war ; und dass sein wahrer Charakter nur durch Zufall entdeckt wurde, als Mr. Octavius Hudson die gerippte Decke für die chromatische Behandlung vorbereitete.

[11a] William de Cornhill, Bischof von Chester, Lichfield und Coventry, von 1216 bis 1223.

[11b] *Denkmäler von Canterbury* , S. 110.

[12] Dieses südliche Seitenschiff der Marienkapelle soll in der Antike die *Kapelle des Heiligen Erasmus genannt worden sein* . In der Nähe der oben angegebenen Stelle, wenn nicht sogar im selben Grab, wurden laut

Webb (*Vale Royal* , Bd. II, S. 26) um das Jahr 1656 die Überreste des guten Bischofs Bridgman beigesetzt. Andere Berichte geben Folgendes an Kinnersley Church, Shropshire, als Ort seiner Beerdigung.

[13a] Ein vollständiger Bericht über den Prozess und die Hinrichtung von George Marsh findet sich in Foxes *Book of Martyrs* , Bd. I.p. 1481.

[13b] *Vale Royal of England* , Bd. II. P. 33.

[16] Während diese Seiten im Druck sind (November 1859), werden die im obigen Schlussabsatz vorgeschlagenen Änderungen und Verbesserungen unter der Schirmherrschaft des Dekans und des Kapitels tatsächlich durchgeführt. Das späte Ostfenster aus Buntglas wurde samt Maßwerk sorgfältig entfernt und wird in einem der Nordfenster der Marienkapelle platziert, während an seiner Stelle ein neues Ostfenster mit fünf Lichtern errichtet wurde und eingebaut wird zu gegebener Zeit mit einem anderen Motiv aus Buntglas geschmückt werden.